Sonjas Kochbuch

einfache, kalorienarme Rezepte zum Abnehmen

Sonja Bakker

Inhalt

Vorwort

‘Halten Sie fest, was Sie erreicht haben’

Ein Feinschmecker wie ich liest in Zeitschriften und Magazinen noch immer alles, was mit Essen zu tun hat. Ich finde es herrlich, um mit einer Tasse Tee auf der Couch in leckeren Rezepten zu schmökern.

Ich war sehr oft auf der Suche nach Rezepten für besondere Anlässe. Voller Begeisterung stürzte ich mich auf unbekannte Zutaten und aparte Zubereitungsarten. Ich fand es wundervoll, alles zu probieren, all die verschiedenen Geschmacksrichtungen in meinem Mund!

Leider hatte ich nicht immer Glück und oft ging einiges schief. Die Suppe fade, das Risotto zu wässrig und mein Dessert viel zu süß.

Ich habe mit viel Freude diese Rezeptsammlung zusammengestellt, in der das Genießen im Vordergrund steht. Genießen ist für mich: Kochen für Familie und Freunde, ein Glas Wein dazu und stundenlang an einem gedeckten Tisch philosophieren. Die Rezepte dazu finden Sie in diesem Buch: herrliche, einfach zuzubereitende, kalorienarme Rezepte mit Zutaten, die überall erhältlich sind.

Nach all diesen Schlemmereien muss ich einfach wieder in meinem Rhythmus mit meinen Wochenmenüs weitermachen. Sehen Sie diese Rezepte also einfach auch als willkommene Variation.

Ich wünsche Ihnen viel Kochvergnügen!

Sonja Bakker

So funktioniert die Sonja Bakker-Methode

Für den Fall, dass Sie die Sonja Bakker-Methode noch nicht kennen, möchte ich Ihnen diese kurz vorstellen. Ausführlichere Informationen sowie 9 Wochenpläne, Rezepte und viele hilfreiche Tipps zum gesunden und dauerhaften Abnehmen finden Sie im Buch „Erreichen Sie Ihr Traumgewicht", das u.a. auf der Website www.sonjabakker.de und im deutschen Buchhandel erhältlich ist. Sollten Sie Fragen haben, können Sie diese natürlich auch auf der Website stellen.

Das Zusammenstellen der Wochenmenüs

Gesunde Ernährung ist die Voraussetzung dafür, schlank zu werden und zu bleiben. Ein gutes Basismenü mit der nötigen Abwechslung hilft Ihnen dabei, dieses Ziel zu erreichen. Die 9 Wochenmenüs, die Sie in „Erreichen Sie Ihr Traumgewicht" finden, sind detailliert ausformuliert und geben Ihnen somit genau an, was Sie an welchem Tag zu welcher Mahlzeit essen dürfen. Das macht eine Diät einfach und effektiv.
Wenn Sie nach den 9 Wochen wieder von vorne anfangen möchten, können Sie mit den Rezepten aus diesem Buch etwas mehr Abwechslung in Ihre Diät bringen.

Beim Zusammenstellen eines Wochenmenüs wurden folgende Punkte berücksichtigt:

- Es enthält alle Nährstoffe, die Sie brauchen, um gesund zu essen. Das bedeutet: genug Milchprodukte, Obst, Fleisch (oder Fleischersatz), Gemüse, Brot und Knäckebrot und ein wenig Öl und Fett. So nehmen Sie ausreichend Eiweiß, Kohlenhydrate, Fette und Mineralien zu sich.
- Diese Methode basiert auf viel Abwechslung und den richtigen Kombinationen.
- Die Wochenmenüs sollen die Grundlage für neue Essgewohnheiten formen, mit denen Sie ein Leben lang schlank bleiben können.

Der Basisdiätplan

Um die Wochenmenüs so angenehm wie möglich zu gestalten, finden Sie unterstehend einige Kombinationen, die Sie evtl. miteinander abwechseln können.

Variationsliste

Kombinationen Frühstück/Mittagessen

- 1 Schälchen fettarmer Joghurt mit 2 Esslöffeln Müsli und 1 Glas Orangensaft
- 1 Rosinenbrötchen mit halbfetter Margarine, 1 Knäckebrot mit fettarmem Käse (max. 30 % Fett i.Tr.)
- 1 Knorr Vie
- 1 Glas fettarme Milch und 1 Kiwi

- 2 Reiswaffeln mit halbfetter Margarine, Belag: 1 x Hinterschinken, 1 x Hüttenkäse mit Diät-Marmelade vermischt
- 1 Schälchen fettarmer Joghurt mit frischem Obst und 1 Esslöffel Müsli
- 1 Vollkornbrötchen zum Aufbacken mit halbfetter Margarine und fettarmem Käse (max. 30 % Fett i.Tr.) und 1 Glas Buttermilch
- 1 Vollkornbrötchen zum Aufbacken mit halbfetter Margarine und 1 gekochten Ei, 1 Zwieback mit halbfetter Margarine und Erdbeeren, 1 Glas Orangensaft
- 1 Schinken / Käse-Toast aus 2 Scheiben Vollkorntoast, 1 x Belag Hinterschinken und 1 x Belag fettarmem Käse (max. 30 % Fett i.Tr.), 1 Tasse klare Bouillon, 1 Mandarine
- 1 Schälchen fettarmer Joghurt mit 2 Esslöffeln Kellogs Special K, 1 Reiswaffel mit halbfetter Margarine und Diät-Marmelade
- 2 Scheiben Vollkorn(toast)brot mit halbfetter Margarine, 1 x Belag fettarme Streichwurst, 1 x Belag fettarmer Käse (max. 30 % Fett i.Tr.), 1 Glas fettarme Milch
- 3 Scheiben Knäckebrot mit halbfetter Margarine, 2 x Belag Hähnchenfilet, 1 x Belag Schmelzkäsezubereitung Halbfettstufe (max. 20 % Fett), 1 Kiwi
- 2 Scheiben Knäckebrot mit halbfetter Margarine, 1 x Belag Roastbief, 1 x Belag Schmelzkäsezubereitung Halbfettstufe (max. 20 % Fett), 1 Glas Buttermilch
- 1 Banane, 1 Mandarine, 1 Schälchen fettarmer Joghurt
- 1 Zwieback mit halbfetter Margarine und Erdbeeren, 1 Scheibe Vollkorn(toast)brot mit halbfetter Margarine und Tatar (oder Roastbief), 1 Glas Orangensaft
- 1 großes Brötchen mit halbfetter Margarine, Thunfisch, Essiggurke und Gurke, 2 Mandarinen
- 1 großes Brötchen mit halbfetter Margarine und einer Scheibe fettarmem Käse (max. 30 % Fett i.Tr.), 1 Scheibe Hinterschinken mit Rohkost, 1 Glas Diätjoghurt-Drink (0 % Fett)

Vorschläge zum Abendessen

- 125 Gramm gekochte Kartoffeln, 200 Gramm Gemüse nach Wahl, 75 Gramm Rindfleisch, 1 Soßenlöffel magere Soße (z.B. Maggi Meisterklasse), 1 Schälchen Rohkostsalat
- 125 Gramm Bratkartoffeln, 200 Gramm Gemüse nach Wahl, 75 Gramm Hähnchenfilet, 1 Schälchen Rohkostsalat
- 125 Gramm Kartoffelpüree, 100 Gramm Kabeljau, 200 Gramm Gemüse nach Wahl, 1 Schälchen Rohkostsalat
- 125 Gramm Reis (entspricht 65 Gramm ungekocht), 200 Gramm Pfannengemüse, 75 Gramm marinierte Hähnchenfiletwürfel, 1 Schälchen Rohkostsalat
- 125 Gramm Pommes frites aus dem Ofen, 75 Gramm Rinderfrikadelle, 1 Esslöffel fettarme Mayonnaise, 1 Schälchen Rohkostsalat
- 2 kleine Pfannkuchen mit Puderzucker
- 1 Teller Tomatensuppe mit Hackfleischbällchen, 1 (Baguette-) Brötchen zum Aufbacken mit fettarmem Käse (max. 30 % Fett i.Tr.)
- 1 Taco mit magerem Rinderhackfleisch gefüllt, 1 Schälchen Rohkostsalat

T I P P

Sie können bei Zeitmangel jederzeit Tiefkühlgemüse z.B. von Iglo anstatt des frischen Gemüses verwenden.

Zwischenmahlzeiten

- 1 Kiwi
- 1 Glas Diätjoghurt-Drink (0 % Fett)
- 1 Orange
- 2 Mandarinen
- 2 Scheiben Melone
- 20 Weintrauben
- 1 Apfel
- 2 Pflaumen
- 1 Schälchen Erdbeeren oder Johannisbeeren

- 1 Banane (max. 2 x pro Woche)
- 1 Schälchen fettarmer Joghurt mit frischem Obst
- 1 Glas fettarme Trinkschokolade
- 1 Müsliriegel (zuckerfrei) z.B. Schwartau fruity oder Corny free
- 2 Mentos Sugarfree
- 1 Scheibe Honigkuchen
- 1 Päckchen Chips light (22 Gramm) (max. 2 x pro Woche)
- 1 Schokoreiswaffel
- 1 Spekulatiuskeks
- 1 Vollkornkeks (z.B. Landkeks von Leibniz oder Hobbits von Brand)
- Knäckebrot mit Möhren
- Rohkost nach Wahl
- Sahne-Zwieback
- Obst der Saison
- Knäckebrot mit Feta
- Buttermilch
- Orangen-Joghurt-Drink
- Kräuterbrot
- Knäckebrot mit Quark
- Fruchtjoghurt-Snack
- Bananen-Joghurt-Drink
- Quark mit Ahornsirup
- Knäckebrot mit Hüttenkäse (Tipp: Vermischen Sie den Hüttenkäse mit etwas Diät-Marmelade!)

Nehmen Sie nicht jeden Tag die gleichen Zwischenmahlzeiten. Essen Sie täglich ein Stück Obst und ein Michprodukt als Zwischenmahlzeit.

T I P P

Auf Ihrem Weg zu einem gesunden und schlanken Körper haben Sie manchmal schwierige Momente. Betrachten Sie diese als einen Test, um Ihr Ziel zu erreichen. Sehen Sie Abnehmen als Leistungssport an. Es fordert viel Disziplin und Willensstärke. Wenn Sie es wirklich wollen, schaffen Sie es auch!

Warum diese Produkte?

Als Diätberaterin muss man unabhängig bleiben. Ich habe keine Verträge mit Fabrikanten von Produkten, um Reklame dafür zu machen. Bei den Produkten, die ich nenne, habe ich selbst festgestellt, dass sie meine Erwartungen erfüllen. Eine Voraussetzung ist auch, dass sie in den meisten Supermärkten erhältlich sind und auch der Preis spielt eine Rolle. Natürlich können Sie auch andere Marken verwenden, aber vergleichen Sie die Etiketten dann gut mit den Produkten, die ich Ihnen empfehle.

TIPPS

- Legen Sie immer etwas Rohkost auf herzhaften Brotbelag, z.B. Gurkenscheiben, Tomaten, Radieschen etc.
- Essen Sie max. 2 Bananen pro Woche (im Zusammenhang mit Ihrem Stuhlgang).

Für Männer

Viele Männer machen gemeinsam mit Ihrer Frau oder Freundin die Sonja Bakker-Diät. Die Männer dürfen manchmal größere Mengen essen. In den Wochenmenüs in „Erreichen Sie Ihr Traumgewicht“ finden Sie diese Mengen deutlich angegeben.

Achtung

Trinken Sie 6 Gläser Wasser verteilt über den Tag! Und nehmen Sie täglich nicht mehr als 4 Gläser Light-Getränke zu sich.

T I P P S

Sorgen Sie für Abwechslung und nehmen Sie nicht jeden Tag die gleichen Kombinationen zu sich.

Tipps für Alleinstehende
Wenn Sie allein wohnen, kommt das Kochen oft zu kurz. „Das macht allein keinen Spaß", höre ich regelmäßig von Singles. Für Sie ist das Abnehmen auch noch extra schwierig, weil die Stimulanz des Partners fehlt. Und dann natürlich die Portionen im Supermarkt. Das bleibt ein Problem. Und doch ist es einfach, eine komplette Mahlzeit zuzubereiten. Nehmen Sie z.B. die Hälfte der Rezepte für 2 Personen und geben Sie die andere Hälfte in die Tiefkühltruhe. Die aufbewahrten Portionen können Sie dann später in Ihrer Diät essen. Die meisten Lebensmittel können Sie einige Tage im Kühlschrank aufbewahren, in der Tiefkühltruhe sogar Monate. Frieren Sie die Lebensmittel dann aber in einer gut schließenden Verpackung ein.

Tipps für Vegetarier
Auch wenn Sie Vegetarier(in) sind, können Sie die Wochenmenüs einhalten. Nehmen Sie dann ruhig Fleischersatz. Ich empfehle Ihnen, einmal in ein Reformhaus zu gehen. Dort sind viele gute Produkte erhältlich, achten Sie aber bitte auf den Fettgehalt!

Gewicht und Gesundheit

Wenn Sie zweifeln, ob das Verhältnis zwischen Ihrem Gewicht und Ihrer Körpergröße in Ordnung ist, können Sie das mit dem BMI (Body Mass Index) berechnen. Eine Beschreibung finden Sie auf meiner Website.

Erfahrungen aus der Praxis

John und Annelies

John und Annelies haben zusammen 160 Pfund abgenommen!

Alle beide hatten schon jahrelang mit Übergewicht zu kämpfen und hatten mit wechselndem Erfolg Diäten gemacht. Aber die Pfunde kamen bei John und Annelies van der Linden genauso schnell wieder zurück wie sie verschwunden waren. Eine Kollegin machte sie auf ‚Bereik je ideale gewicht' (deutsch: ‚Erreichen Sie Ihr Traumgewicht') aufmerksam und die Aussicht auf den bevorstehenden Urlaub motivierte sie, sich in den Kampf zu stürzen. John: „Vor allem das Kilo pro Woche sprach uns an. Es wurden viel mehr, da das Abnehmen vor allem am Anfang viel schneller geht. Jeden Montag trug ich auf meinem PC ein, wie viel Gewicht wir beide verloren hatten. Aber eigentlich brauchten wir kaum Ermunterung, denn die Wochenmenüs und Rezepte sind so abwechslungsreich, dass wir unsere Mahlzeiten jeden Tag genossen haben."

John und Annelies waren vor allem erstaunt, dass sie den Tag mit kleinen Portionen doch ganz leicht überstanden. „Es war – und ist noch immer – zu keinem Zeitpunkt von einem echten Hungergefühl die Rede. Und die Zwischenmahlzeiten erleichtern die Sache enorm. Natürlich haben wir auch manchmal über die Stränge geschlagen, aber wir haben dann einfach Sonjas Rat befolgt: am nächsten Tag weitermachen!"
Es war ganz bestimmt ein Ansporn, dass sie die Wochenmenüs gemeinsam eingehalten haben. „Wir haben beide 40 Kilo abgenommen. Darüber sind wir nach wie vor jeden Tag sehr glücklich. Ich sage immer zu anderen: *Sonja ist keine Diät, sondern eine Ernährungsweise*. Und Sonja hat uns wieder Freude am Leben gegeben. Darum ist die Chance, dass wir jemals wieder in unsere alten Essgewohnheiten zurückfallen, wirklich verschwindend klein. Sonja verdient einen Nobelpreis."

Vorspeisen und Salate

Zutaten

1 Gurke
5 (Strauch-) Tomaten
1 kleine Zwiebel (geschält)
1 grüne Paprika
12 entkernte grüne Oliven
200 Gramm Feta in 4 Scheiben geschnitten
1 Teelöffel Olivenöl
1 Schuss Essig
2 Teelöffel getrockneter Oregano
2 ausgepresste Knoblauchzehen
Pfeffer und Salz

Zubereitung

Schälen Sie die Gurke, schneiden Sie diese in dicke Scheiben und die Tomaten in je 6 Stückchen. Entfernen Sie den Stielansatz. Schneiden Sie die Zwiebel in schmale Ringe. Halbieren Sie die Paprika (Samen entfernen). Schneiden Sie die Paprika in lange schmale Streifen. Geben Sie alles zusammen in eine Salatschale (Knoblauch nach Belieben) und fügen Sie die Oliven hinzu. Vermischen Sie das Öl und den Essig und rühren Sie 1 Teelöffel Oregano hindurch. Verwenden Sie dies kurz vor dem Servieren als Dressing. Legen Sie dann den Feta über den Salat und streuen Sie noch einen Teelöffel Oregano über den Salat.

Enthält pro Portion:
ca. 178 Kcal.

TIPP

Diesen Salat können Sie auch wählen, wenn Sie außer Haus essen.

Griechischer Salat

für 4 Personen

Zutaten

250 Gramm Mehrkornreis
8 Fleischtomaten
450 Gramm Rahmspinat (Tiefkühlware)
160 Gramm Feta in kleinen Würfeln
2 Teelöffel Oregano
60 Gramm Cashewnüsse, fein gehackt
2 Esslöffel Brat-/Backbutter
Salz und Pfeffer

Extra:
Ofenform

Zubereitung

Schneiden Sie den „Deckel“ von den Tomaten, schöpfen Sie das Fruchtfleisch heraus und lassen sie sie umgekehrt austropfen. Drücken Sie die Flüssigkeit aus dem Spinat und mischen Sie den Feta, den Oregano und die fein gehackten Cashewnüsse hindurch. Würzen Sie mit Pfeffer und Salz. Füllen Sie die Tomaten mit der Masse und geben Sie sie in eine eingefettete Ofenform. Kochen Sie den Reis in Wasser und Salz gemäß den Anweisungen auf der Verpackung, lassen Sie inzwischen die Tomaten in einem vorgeheizten Ofen bei 200 Grad in ungefähr 25 Minuten gut warm werden. Servieren Sie den Reis mit den Tomaten, evtl. einen grünen Salat dazu.

Enthält pro Portion:
ca. 398 Kcal.

T I P P

Wenn Sie große Tomaten verwenden, mischen Sie dann etwas Reis in die Füllung.

Gefüllte Tomaten

für 4 Personen

Zutaten

1 Schälchen Ruccola
1 Zucchini
1 Aubergine
1 Schälchen Champignons
1 rote Paprika
1 rote Zwiebel
3 Esslöffel Kapern
200 Gramm Spiralnudeln in 3 Farben
12 Mozzarella light-Kügelchen
2 Esslöffel Olivenöl
6 Esslöffel Balsamicoessig
Oregano
Salz und Pfeffer nach Belieben
Basilikum zum Garnieren
12 Cocktailtomaten

Zubereitung

Kochen Sie die Spiralnudeln gemäß der Anweisung auf der Verpackung bissfest und spülen Sie sie kalt ab. Die Zucchini und die Aubergine in Scheiben schneiden und diese mit ein wenig Olivenöl, Salz und Pfeffer in eine Schüssel geben. Gut vermischen und die Scheiben in einer Grillpfanne grillen. Die Champignons in dicke Scheiben (ca. 0,5 cm) schneiden. Den Rest des Öls in einer Antihaftpfanne erhitzen und die Champignons und die Paprika auf hoher Flamme braten. Die Zwiebel in kleine Würfel schneiden. Mischen Sie nun das Gemüse zusammen mit dem Oregano, den Kapern, der Zwiebel, Pfeffer und Salz und geben Sie zum Schluss den Balsamicoessig hinzu. Vor dem Servieren erst die Spiralnudeln auf einen Teller legen und das Gemüse darauf. Schneiden Sie für jeden Teller 3 Cocktailtomaten und 3 Kügelchen Mini-Mozzarella in zwei Hälften. Legen Sie diese abwechselnd rundum das gegrillte Gemüse auf die Außenseite. Schließen Sie mit einem ordentlichen Büschel Ruccola ab.

Enthält pro Portion:
ca. 325 Kcal.

T I P P

Weintipp: Ein leichter fruchtiger Rotwein wie z.B. ein chilenischer Syrah oder ein australischer Chardonnay.

Pastasalat mit Gemüse

für 4 Personen

Zutaten

1 Schälchen Cocktailtomaten
2 Mozzarella light
frisches Basilikum
Pfeffer und Meersalz

Extra:
Cocktailspießchen

Zubereitung

Waschen Sie die Tomaten und lassen Sie diese ganz. Stecken Sie sie auf ein Spießchen. Pflücken und waschen Sie ein Basilikumblättchen ab und spießen Sie es ebenfalls auf. Schneiden Sie dann ein Stück Mozzarella ab und geben Sie auch dies auf den Spieß. Streuen Sie nun etwas frisch gemahlenen Pfeffer und Meersalz darüber.
Servieren Sie die Spießchen in einer schönen Schale. Schmeckt auch gut zu einem Umtrunk!

Enthält pro Portion:
ca. 42 Kcal.

TIPP

Beträufeln Sie den Mozzarella mit Balsamicoessig.

Gesunde Spießchen mit Mozzarella

für 4 Personen

Zutaten

1,5 Liter Wasser
1,5 Kilo Zucchini
2 Gemüsebrühwürfel
250 ml Kochsahne
frisch gemahlener Pfeffer und Salz

Extra:
Küchenmaschine oder Pürierstab

Zubereitung

Bereiten Sie eine Bouillon aus 1,5 Liter Wasser mit den 2 Gemüsebrühwürfeln und bringen Sie sie zum Kochen. Die Zucchini waschen und ungeschält in Würfel schneiden, zur Bouillon geben und ungefähr 15 Minuten kochen lassen. Das Ganze in der Küchenmaschine oder mit dem Pürierstab pürieren. Eventuell sieben. Die Kochsahne hinein geben und mit Pfeffer und evtl. Salz abschmecken. Nicht mehr kochen lassen.

Enthält pro Portion:
ca. 167 Kcal.

T I P P

Mit einem Vollkornbrötchen und einer Scheibe fettarmem Käse haben Sie ein schnelles Abendessen.

Sahnige Zucchinisuppe

für 4 Personen

Zutaten

1/2 Weißkohl
1 Dose Mandarinen oder Ananas
2 Esslöffel fettarme Mayonnaise
eine Hand voll Rosinen (gequollen)
Petersilie oder Schnittlauch
50 Gramm fettarmer Käse (max. 30 % Fett i.Tr.) in kleinen Würfeln
Pfeffer
1 Teelöffel Currypulver

Zubereitung

Den Weißkohl fein hobeln. Die Rosinen, den Schnittlauch und die abgetropften Mandarinen hinzu geben. Ein Dressing aus der fettarmen Mayonnaise mit einer kleinen Prise Pfeffer und dem Teelöffel Currypulver zubereiten. Gut vermischen. Geben Sie den Käse zum Salat und garnieren Sie mit dem Dressing.

Enthält pro Portion:
ca. 171 Kcal.

Weißkohlsalat mit Mandarinen

für 4 Personen

Zutaten

1 Zwiebel
300 Gram Karotten
1 Kartoffel
1 Liter Hühnerbrühe (2 Brühwürfel)
4 dünne Scheiben Frühstücksspeck
4 Esslöffel fein geschnittener Schnittlauch
1 kleiner Becher fettarme Creme fraiche (z.B. Creme légére von Dr. Oetker)
Pfeffer und Salz
8 Grissini

Extra:
Pürierstab oder Küchenmaschine

Zubereitung

Schneiden Sie die Zwiebel, schneiden Sie dann die Karotten in Scheiben und die geschälte Kartoffel in kleine Würfel. Bringen Sie die Bouillon mit dem Gemüse und der Kartoffel zum Kochen. Lassen Sie die Suppe 20 Minuten leicht köcheln bis das Gemüse gar ist. Braten Sie den Speck und lassen Sie ihn auf Küchenpapier trocknen. Pürieren Sie die Suppe mit einem Pürierstab oder in der Küchenmaschine. Würzen Sie die Suppe mit Pfeffer und Salz und rühren Sie 3 Esslöffel Schnittlauch hindurch. Schöpfen Sie die Suppe in die Teller und bröckeln Sie etwas Speck darüber, geben Sie ein wenig Creme fraiche darauf. Garnieren Sie die Suppe mit dem übrigen Schnittlauch und reichen Sie Grissini dazu.

Enthält pro Portion:
ca. 165 Kcal.

Karottensuppe mit Frühstücksspeck

für 4 Personen

Zutaten

300 Gramm mageres Rindfleisch
1 Esslöffel Olivenöl
1 Dose Tomatenpüree
1,5 dl Rotwein
3 Brühwürfel Fleischbouillon
2 rote Paprika
1 grüne Paprika
2 große Zwiebeln
1 Teelöffel italienische Kräuter
Salz und Pfeffer

Zubereitung

Das Olivenöl erhitzen. Das Fleisch in ca. 5 Minuten rundherum braun braten. Das Tomatenpüree hinzufügen, ungefähr 1 Minute mitbraten. Rotwein dazu schenken und 1,5 Liter Wasser hineingießen. Zum Kochen bringen. Brühwürfel darüber zerkrümeln. Ungefähr 2 Stunden leicht köcheln lassen. Inzwischen die Paprika in Würfel schneiden. Die Zwiebeln in grobe Stücke schneiden.
Wenn die Bouillon nach 2 Stunden fertig ist, die Paprika und Zwiebel dazugeben.
Italienische Kräuter darüber streuen. Noch ca. 30 Minuten leicht köcheln lassen. Mit Salz (nicht zu viel) und Pfeffer abschmecken.

Enthält pro Portion:
ca. 190 Kcal.

Paprika-Rindfleischsuppe

für 4 Personen

Zutaten

100 Gramm kleine Garnelen
1/2 Knoblauchzehe
3 Esslöffel fettarme Mayonnaise
1 Esslöffel fettarmer Joghurt
Petersilie
Pfeffer und Salz
Schnittlauch
Baguette

Zubereitung

Geben Sie die Garnelen in eine Schüssel und pressen Sie den Knoblauch darüber aus. Geben Sie ein wenig Schnittlauch, Petersilie, Pfeffer und Salz nach Belieben dazu. Fügen Sie dann die fettarme Mayonnaise und den Joghurt hinzu. Gut rühren. Das schmeckt herrlich auf Baguette!

Enthält pro Portion:
ca. 64 Kcal.

Garnelensalat

für 4 Personen

Zutaten

1 Blattsalat nach Wahl
1 Gurke
100 Gramm Schinkenwürfel
1 Orange
1 Zitrone
1 kleine Dose Ananas
1 Esslöffel Honig
1 Esslöffel Olivenöl

Zubereitung

Waschen Sie den Salat und schneiden Sie die Gurke in Würfel. Schälen Sie die Orange und schneiden Sie auch diese in kleine Stückchen. Fangen Sie den Orangensaft auf. Pressen Sie die Zitrone aus und vermischen Sie den Zitronensaft mit dem Olivenöl, der Ananas, dem Orangensaft, dem Honig und der Orange. Geben Sie dann den Salat, die Gurke und die Schinkenwürfel hinzu. Ein herrlicher „süßer" Salat.

Enthält pro Portion:
ca. 229 Kcal.

TIPP

Diesen Salat können Sie ganz einfach in einer Tupperware-Schale mitnehmen.

Tropischer grüner Salat

für 2 Personen

Erfahrungen aus der Praxis

Gerry

Gerry ist mit 24 Kilo weniger mehr als zufrieden

Als Gerry die Fotos ihrer Silberhochzeit zu sehen bekam, war für Sie das Maß voll. Sie wollte nicht mehr so aussehen. Die Lehrerin kämpfte bereits seit ihrem 19. Lebensjahr mit Übergewicht und hatte unzählige Diäten hinter sich. „So kann man den Mut wirklich verlieren. Ich war eine echte ‚Geselligkeits-Esserin'. Vor allem Süßes. Kekse, Gebäck, alles, was dazugehört. Vor allem dann, wenn ich meinen Unterricht am PC vorbereitete, war die Packung Kekse im Handumdrehen leer."

Eine Bekannte wies Gerry auf Sonjas Methode hin. „Ich war gerade wieder mit einem Mahlzeitenersatz zugange und dachte, dass Essen und Abnehmen einfach nicht zusammenpassen können. Aber schon ab der ersten Woche bemerkte ich das Ergebnis und konnte dabei noch ganz normal essen. Ich fand es auch sehr gut, dass alles genau beschrieben ist. Und wenn ich einmal gesündigt hatte, hatte ich nicht das Gefühl, wieder von vorne anfangen zu müssen. Das ist sehr beruhigend."

Nach neun Wochen hatte Gerry ihr Traumgewicht erreicht und fühlte sich wie neu geboren. „Ich wiege jetzt bei einer Größe von 1,80 Meter ca. 73 Kilo. Damit bin ich zufrieden. Ich halte mein Traumgewicht jetzt schon seit Monaten. Vor Kurzem habe ich mir ein Sakko gekauft und als ich in den Spiegel sah, dachte ich: Wow, du siehst toll aus." Zum ersten Mal in ihrem Leben freut Gerry sich auf den Sommer. „Bei der Kleidung, die ich mir gekauft habe, brauchte ich nicht mehr zu denken, dass alles so weit wie möglich sein musste. Ich kann mir jetzt aussuchen, was zu mir passt." Viele Kollegen ‚sonjabakkeren' auch. „Vor kurzem hatten wir eine Besprechung, bei der der Direktor uns etwas Gutes tun wollte. Weil jetzt so viele Kollegen auf ihr Gewicht achten, traute er sich nicht, mit Gebäck anzukommen. Er hat Obst mitgebracht und das kann genauso lecker sein."

Hauptgerichte

Zutaten

3 bis 4 Scheiben Margarine-Blätterteig für 1 Torte
2 Zwiebeln
3 Stangen Staudensellerie
4 Strünke Chicorée
150 Gramm geräuchertes Hähnchenfilet
2 Eier
Pfeffer, Salz und Muskatnuss
1 dl Kochrahm
100 Gramm gemahlener fettarmer Käse (max. 30 % Fett i.Tr.)
1 Esslöffel Olivenöl

Zubereitung

Den Ofen auf 220 Grad vorheizen. Den Blätterteig erst auftauen und ein bisschen auseinanderziehen. Bedecken Sie dann die Tortenform mit dem Blätterteig und stechen Sie mit einer Gabel in den Boden. Schneiden Sie die Zwiebeln und dünsten Sie sie in einem Esslöffel Olivenöl. Schneiden Sie inzwischen den Sellerie, den Chicorée (Blätter ganz lassen) und das Hähnchenfilet in kleine Stückchen und geben Sie dies zusammen mit den Zwiebeln auf den Teig. Verquirlen Sie die Eier und würzen Sie mit Pfeffer, Salz und Muskatnuss. Fügen Sie den Kochrahm und die Hälfte des Käses hinzu und vermischen Sie alles miteinander. Gießen Sie das Gemisch über das Gemüse. Bestreuen Sie die Torte mit dem Rest des Käses und backen Sie sie 30 Minuten in einem heißen Ofen bei 220 Grad.

Enthält pro Portion:
ca. 208 Kcal.

Chicoréetorte

für 4 Personen

Zutaten

300 Gramm Kabeljau
4 Scheiben roher Schinken
2 Teelöffel getrocknetes Basilikum
2 Esslöffel Wein- oder Balsamicoessig
1 Teelöffel Senf
1 Teelöffel Zucker
1 Knoblauchzehe
2 dl fettarme Creme fraiche (z.B. Creme légére von Dr. Oetker)
5 Cocktailtomaten
1 Esslöffel Olivenöl
Pfeffer und Salz

Extra:
Spießchen

Zubereitung

Den Ofen ungefähr 10 Minuten auf 200 Grad vorheizen. Schneiden Sie den Fisch in 12 gleiche Stückchen. Bestreuen Sie diese mit Pfeffer und Salz. Schneiden Sie die Schinkenscheiben mit einem scharfen Messer in 3 lange Streifen, rollen Sie jeden Streifen um ein Stück Fisch und fixieren Sie das Röllchen mit einem Spießchen. Geben Sie den Kabeljau dann 8 Minuten in einer eingefetteten Ofenform in den Ofen. Geben Sie das Basilikum mit dem Essig, dem Senf und dem Zucker in einen hohen Becher, pressen Sie den Knoblauch darüber aus und fügen Sie die fettarme Creme fraiche hinzu. Pürieren Sie das Ganze mit dem Pürierstab. Schmecken Sie die Soße mit Pfeffer und Salz ab. Schneiden Sie die Tomaten in 4 Stückchen und legen Sie diese neben den Kabeljau.

Enthält pro Portion:
ca. 330 Kcal.

T I P P

Auch als Vorspeise bei einer festlichen Mahlzeit sehr lecker!

Kabeljaufantasie

für 4 Personen

Zutaten

3 bis 4 Scheiben Margarine-Blätterteig für 1 Torte
800 Gramm Lauch
150 Gramm Hinterschinken in Scheiben
1 Ei
Salz und Pfeffer
4 Scheiben fettarmer Käse (max. 30 % Fett i.Tr.)
Paniermehl / Semmelbrösel
2 Knoblauchzehen

Extra:
Springform
Backspray

Zubereitung

Tauen Sie die Blätterteigscheiben auf. Den Lauch in Stückchen schneiden, waschen und kurz kochen. Die Springform einsprühen und den Ofen auf 200 Grad vorheizen. Den Blätterteig ein bisschen auseinanderziehen und in die Form legen. Den Schinken in Stückchen schneiden und mit dem Lauch, dem ausgepressten Knoblauch, dem Ei und Salz mischen. Legen Sie den Käse auf den Boden und bedecken Sie diesen mit dem Lauchgemisch. Mit Paniermehl bestreuen und ungefähr 45 Minuten bei 200 Grad im Ofen backen.

Enthält pro Portion:
ca. 241 Kcal.

TIPP

Ein frischer Salat passt hervoragend dazu!

Lauch-Quiche

für 4 Personen

Zutaten

4 Lachsfilets (ca. 115 Gramm pro Stück)
Saft einer halben Zitrone
2 Esslöffel Olivenöl
350 Gramm kleine Zucchini
1 Knoblauchzehe
300 Gramm Fleischtomaten
1 Teelöffel frischer Thymian
Salz und Pfeffer

Zubereitung

Die Lachsfilets säubern und trocken tupfen. Träufeln Sie den Zitronensaft darüber und würzen Sie die Filets mit Salz und Pfeffer. Stellen Sie den Fisch anschließend abgedeckt in den Kühlschrank. Waschen Sie die Zucchini, entfernen Sie den Stiel und schneiden Sie die Zucchini in Stückchen. Säubern Sie den Knoblauch, gießen Sie kochendes Wasser über die Tomaten, schälen Sie diese und schneiden Sie sie in 4 Stücke. Die Hälfte des Olivenöls in einer Bratpfanne erhitzen, die Zucchini kurz anbraten. Den Knoblauch darüber auspressen und die Hitze verringern, die Tomaten hinzufügen, alles vermischen und mit Pfeffer, Salz und Thymian würzen. Ca. 8 Minuten mit dem Deckel auf der Pfanne schmoren lassen. Inzwischen den Rest des Öls in einer Bratpfanne erhitzen, die Filets hinein legen und die Flamme etwas niedriger einstellen. Auf beiden Seiten 4 Minuten braten. Das Gemüse nochmals abschmecken und auf vorgewärmte Teller schöpfen. Legen Sie die Lachsfilets darauf.

Enthält pro Portion:
ca. 249 Kcal.

TIPP

Ideales Gericht für Gäste, einfach zuzubereiten und mit einer edlen Ausstrahlung.

Lachsfilet auf Zucchini

für 4 Personen

Zutaten

400 Gram Schollenfilet
100 Gramm Haricots verts (dünne grüne Bohnen)
2 x Lauch (klein)
200 Gramm kleine Kartöffelchen
4 Tomaten
2 Esslöffel Olivenöl
2 Esslöffel Brat-/Backbutter
Pfeffer und Meersalz

Zubereitung

Säubern Sie die Bohnen und schneiden Sie den Lauch in ca. 1,5 cm große Stücke. Häuten Sie die Tomaten, indem Sie unten ein kleines Kreuz machen und sie 6 Sekunden in kochendes Wasser legen. Spülen Sie sie danach mit kaltem Wasser ab und entfernen Sie die Haut. Schneiden Sie jede Tomate in 4 Stücke und entfernen Sie den Stielansatz. Kochen Sie den Lauch, die Bohnen und die kleinen Kartöffelchen gar. Erhitzen Sie 2 Esslöffel Olivenöl und braten Sie das Schollenfilet auf beiden Seiten in 4 Minuten goldbraun. Erhitzen Sie 2 Esslöffel Brat-/Backbutter in einem Stieltopf und schmoren Sie hierin einige Prisen Meersalz, den Lauch und die Bohnen kurz bissfest und schmecken Sie mit Pfeffer und Meersalz ab. Schneiden Sie die Schollenfilets schräg von vorne nach hinten in schöne ca. 6 cm. große Stücke. Drapieren Sie zuerst die Kartöffelchen auf 4 tiefe Teller, danach das Gemüse und darauf die Schollenfiletstücke. Zum Schluss legen Sie die Tomaten rund um das Gericht und streuen Sie etwas frisch gemahlenen Pfeffer und Salz darüber.

Enthält pro Portion:
ca. 202 Kcal.

T I P P

Ein festlich aussehendes Rezept, das sich komplizierter anhört als es ist.

Schollenfilets auf Gemüsebett

für 4 Personen

Zutaten

1 kleine Zucchini
1 kleine Aubergine
1 rote Paprika
250 Gramm Champignons
1 Esslöffel getrocknete provenzalische Kräuter
400 Gramm Kartoffelscheiben
4 Hähnchenfilets á 125 Gramm
1 Dose Tomatenwürfel
1 Esslöffel Tomatenpüree
1 Zwiebel
1 Knoblauchzehe
Bouillonwürfel
Allesbinder bzw. Soßenbinder
Salz und Pfeffer
2 Esslöffel Olivenöl

Extra:
Ofenform

Zubereitung

Heizen Sie den Ofen auf 140 Grad vor. Schneiden Sie die Zucchini und die Aubergine in 0,5 cm dicke Scheiben. Schneiden Sie die Champignons in dicke Scheiben. Schneiden Sie die Paprika in Würfel (ca. 2 x 2 cm). Braten Sie die Gemüsescheiben in einer Antihaftpfanne im Olivenöl halbgar und fügen Sie die provenzalischen Kräuter, Pfeffer und Salz hinzu. Braten Sie die Paprika extra und schmecken Sie auch diese mit provenzalischen Kräutern, Salz und Pfeffer ab. Braten Sie die Hähnchenfilets und die Kartoffelscheiben in einer Pfanne fast gar. Legen Sie das Gemüse und die Kartoffelscheiben abwechselnd dekorativ in eine Ofenform. Legen Sie die Paprika in die Mitte. Bereiten Sie dann die Soße zu, indem Sie die Zwiebel fein schneiden und in 1 Esslöffel Olivenöl leicht in einem Stieltopf dünsten. Pressen Sie den Knoblauch darüber aus und fügen Sie einen Teelöffel provenzalische Kräuter und einen halben Bouillonwürfel sowie das Tomatenpüree und die Tomatenwürfel hinzu. Lassen Sie dies leicht köcheln. Machen Sie die Soße etwas dicker (binden) mit Allesbinder bzw. Soßenbinder. Legen Sie die Hähnchenfilets auf das Gemüse und geben Sie die Form 15 Minuten bei 140 Grad in den Ofen. Holen Sie das Gericht aus dem Ofen und schenken Sie die Soße an der Außenseite der Teller entlang.

Enthält pro Portion:
ca. 336 Kcal.

Hähnchenfilet mit Ratatouille

für 4 Personen

Zutaten

4 Tournedos á 100 Gramm
500 Gramm Kartoffelspalten mit Schale
600 Gramm Broccoli
1 rote Paprika in Stückchen
1 geschnittene Zwiebel
1 ausgepresste Knoblauchzehe
250 Gramm große Champignons
1 Esslöffel Olivenöl
3 Esslöffel Brat-/Backbutter

Extra:
Grillpfanne

Zubereitung

Heizen Sie den Ofen auf 200 Grad vor. Legen Sie die Kartoffelspalten in eine Ofenschale und würzen Sie sie mit Pfeffer und Salz, träufeln Sie dann einen Esslöffel Olivenöl darüber. Lassen Sie sie in 25 Minuten in der Mitte des Ofens gar werden. Säubern Sie den Broccoli und kochen Sie ihn 15 Minuten, gießen Sie ihn anschließend ab. Schneiden Sie die Champignons in dicke Scheiben. Erhitzen Sie einen Esslöffel Brat-/Backbutter in einer Bratpfanne und braten Sie die Champignons. Lassen Sie in einer anderen Bratpfanne die Zwiebel und den Knoblauch in einem Esslöffel Brat-/Backbutter glasig werden, stellen Sie die Flamme hoch und fügen Sie die Paprika hinzu. Geben Sie den Broccoli zum Zwiebel-Paprika-Gemisch und erwärmen Sie alles gut, rühren Sie dabei regelmäßig um. Bestreuen Sie die Tournedos mit Pfeffer und Salz und braten Sie sie in der Grillpfanne. Vermischen Sie die Champignons mit den Kartoffelspalten und verteilen Sie dies auf 4 Teller. Schöpfen Sie das Gemüse darüber und legen Sie zum Schluss die Tournedos auf das Gemüse.

Enthält pro Portion:
ca. 327 Kcal.

Broccoli mit gegrilltem Tournedo

für 4 Personen

Zutaten

500 Gram Rösti (Tiefkühlware)
1 Esslöffel provenzalische Kräuter
4 Lachsfilets á 140 Gramm
8 Strünke Chicorée
6 Esslöffel Olivenöl
Salz und Pfeffer

Zubereitung

Heizen Sie den Ofen auf 150 Grad vor. Würzen Sie die vorab aufgetauten Rösti mit den provenzalischen Kräutern und braten Sie diese ca. 5 Minuten in einer Pfanne, drehen Sie die Rösti dabei regelmäßig um. Geben Sie einen Deckel auf die Pfanne. Braten Sie dann bei mäßiger Hitze die Unterseite in ca. 15 Minuten goldbraun, drehen Sie die Rösti dann um. Braten Sie auch die andere Seite in 15 Minuten goldbraun. Die Chicoréestrünke der Länge nach halbieren und in einer Grillpfanne in 2 Löffeln Olivenöl leicht grillen. Das dauert ca. 20 bis 25 Minuten. Würzen Sie den Lachs mit Pfeffer und Salz und braten Sie ihn in ca. 10 Minuten gar. Schneiden Sie die Rösti in 12 Stücke und legen Sie 3 Stücke auf jeden Teller. Legen Sie die halbierten Chicoréestrünke fächerförmig über die Rösti. Schneiden Sie das Lachsfilet in 3 bis 4 Scheiben von ungefähr 0,5 cm und legen Sie es wie einen Fächer über den Chicorée und die Rösti. Der Lachs braucht nicht völlig gar zu sein, so bleibt er saftig.

Variation:
Nehmen Sie grünen Spargel statt Chicorée.

Enthält pro Portion:
ca. 455 Kcal.

Lachs auf gegrilltem Chicorée

für 4 Personen

Zutaten

1 kg Kartoffeln
500 Gramm Chinakohl
2 Teelöffel Currypulver
1 Gemüsebouillonwürfel
1 kleine rote Paprika in Stückchen
1 Dose Mandarinen
5 Scheiben Ananas
150 ml fettarme Milch
Salz, Pfeffer, Muskatnuss
200 Gramm fettarmer Käse
(max. 20 % Fett i.Tr.) in Würfeln

Zubereitung

Kochen Sie die Kartoffeln gar und machen Sie mit der Milch, Salz, Pfeffer und Muskatnuss ein Püree davon. Krümeln Sie den Gemüsebouillonwürfel darüber und rühren Sie das Currypulver und die Paprikastückchen hinein. Erwärmen Sie die Mandarinenstückchen und die Ananas im eigenen Saft. Vermischen Sie den Chinakohl mit dem Püree und lassen Sie es in ca. 10 Minuten gut warm werden. Rühren Sie dann die Käsewürfel hinein, bis der Käse weich wird. Die Hälfte der erwärmten Früchte hindurch geben, mit dem Rest der Fruchtstücke darauf servieren (Saft wird nicht benutzt).

Enthält pro Portion:
ca. 269 Kcal.

T I P P S

- Das ist ein herrliches vegetarisches Gericht!
- Reichen Sie einen Gurkensalat dazu.

Chinakohl-Eintopf

für 4 Personen

Zutaten

500 Gramm Grünkohl
1 Liter Wasser
1 Kräuterbouillonwürfel
2 Zwiebeln in Würfeln
3 Knoblauchzehen aus der Knoblauchpresse
1 rote Paprika
100 Gramm kernlose Oliven 1 x durchgeschnitten
50 Gramm getrocknete Tomaten in Würfeln
1 Becher fettarme Creme fraiche (z.B. Creme légére von Dr. Oetker)
1 Schälchen Philadelphia light
2 Esslöffel Olivenöl
50 Gramm Feta-Würfel
Salz und Pfeffer nach Belieben
250 Gramm Tagliatelle
8 halbe Walnüsse

Zubereitung

Bringen Sie den Grünkohl im Wasser mit dem Bouillonwürfel zum Kochen und lassen Sie ihn in 30 bis 40 Minuten auf niedriger Flamme gar werden. Wenn der Grünkohl gar ist, gießen Sie ihn ab und halten Sie ihn warm. Kochen Sie inzwischen die Pasta. Dünsten Sie die Zwiebeln, den Knoblauch und die Paprika im Olivenöl. Fügen Sie die getrockneten Tomaten und die geschnittenen Oliven zu. Geben Sie zuletzt die fettarme Creme fraiche und den Philadelphia light hinein. Rühren Sie dies alles durch den Grünkohl und würzen Sie mit gemahlenem Pfeffer und evtl. Salz. Schöpfen Sie die Grünkohlsoße durch die Pasta und garnieren Sie mit Feta und Walnüssen.

Enthält pro Portion:
ca. 480 Kcal.

Mediterraner Grünkohl

für 4 Personen

Zutaten

400 Gramm Pangasiusfilet oder Kabeljaufilet
4 Frühlingszwiebeln, geschnitten
1 Eiweiß
50 Gramm Brotkrümel/Semmelbrösel
Pfeffer und Salz
2 Esslöffel Olivenöl
3 Esslöffel griechischer Joghurt
3 Esslöffel fettarme Mayonnaise
frische Kräuter (italienische Kräuter und Dill)
4 Vollkornbrötchen
Salatblätter

Extra:
Küchenmaschine

Zubereitung

Hacken Sie den Fisch in Stückchen. Geben Sie diese zusammen mit den Frühlingszwiebeln in die Küchenmaschine und pürieren Sie dies. Fügen Sie das Eiweiß, die Brotkrümel/Semmelbrösel und ein wenig Pfeffer und Salz hinzu. Mixen Sie das Ganze kurz, bis alle Zutaten vermischt sind. Verteilen Sie den Fisch auf 4 Portionen und formen Sie mit nassen Händen Hamburger daraus. Braten Sie die Fischburger ungefähr 5 Minuten pro Seite im heißen Öl, bis sie fest und goldbraun sind. Vermischen Sie inzwischen die Mayonnaise mit dem Joghurt und den Kräutern nach Belieben und würzen Sie mit Pfeffer und Salz. Belegen Sie die aufgeschnittenen Brötchen mit Salat und legen Sie einen Fischburger mit 1 Esslöffel Soße darauf.

Enthält pro Portion:
ca. 332 Kcal.

T I P P

Reichen Sie einen Salat zu den Burgern und Sie haben ein komplettes Hauptgericht.

Fischburger mit Joghurtsoße

für 4 Personen

Zutaten

400 Gramm Lachsfilet
240 Gramm Pasta
650 Gramm Spargel
150 ml Orangensaft
4 Esslöffel fettarme Mayonnaise
1 Esslöffel Olivenöl
10 Gramm Schnittlauch
Salz und Pfeffer

Zubereitung

Kochen Sie die Pasta in ausreichend Wasser gar. Schälen Sie den Spargel und kochen Sie diesen in einem anderen Topf. Bestreuen Sie die Lachsfilets mit Pfeffer und braten Sie diese in einem Esslöffel Olivenöl auf beiden Seiten braun. Erwärmen Sie inzwischen den Orangensaft und lassen Sie ihn ein paar Minuten kochen, sodass er ein wenig eindickt. Heben Sie anschließend die Mayonnaise und den Schnittlauch unter. Gießen Sie die Pasta ab und legen Sie den gekochten Spargel auf Teller, die Pasta darüber. Geben Sie zum Schluss die Lachsfilets darauf und schenken Sie dann den Orangensaft vorsichtig über den Lachs.

Enthält pro Portion:
ca. 423 Kcal.

T I P P

Eine überraschende Art, den Spargel einmal anders zu essen!

Spargel mit gebratenem Lachs

für 4 Personen

Zutaten

220 Gramm Fusili Tricolore oder Muschelnudeln
150 Gramm dünne Prinzessbohnen
250 Gramm Kastanienchampignons
5 sonnengetrocknete Tomaten in Öl, in Stücke geschnitten
2 Esslöffel vom Tomatenöl
150 Gramm Tomaten
75 Gramm Eisbergsalat oder Ruccola
100 Gramm fettarmer Käse (max. 30 % Fett i.Tr.), grob geraspelt
2 Esslöffel Pinienkerne
4 Esslöffel fein geschnittenes Basilikum
3 Schalotten
1 Esslöffel Olivenöl

Extra:
Ofenschale

Zubereitung

Heizen Sie den Ofen auf 200 Grad vor. Braten Sie die Schalotten und die Kastanienchampignons in 1 Esslöffel Olivenöl. Kochen Sie die Pasta in ausreichend Wasser gar. Fügen Sie in den letzten 5 Minuten der Kochzeit die Bohnen hinzu. Gießen Sie die Pasta und die Bohnen ab und geben Sie die getrockneten Tomaten, das Öl von den Tomaten, die frischen Tomaten und den Eisbergsalat zusammen mit den gebratenen Schalotten und den Kastanienchampignons dazu. Schöpfen Sie alles in eine Ofenschale und verteilen Sie den Käse und die Pinienkerne darüber. Lassen Sie das Gericht im Ofen in ungefähr 10 Minuten gut warm werden und den Käse schmelzen.
Garnieren Sie mit dem Basilikum.

Enthält pro Portion:
ca. 343 Kcal.

Pasta mit Champignons

für 4 Personen

Zutaten

300 Gramm Broccoli
100 Gramm Tagliatelle
1 Esslöffel Brat-/Backbutter
1 Schweinefilet (ca. 200 Gramm)
Salz, Pfeffer
100 ml fettarme Creme fraiche (z.B. Creme légére von Dr. Oetker)
5 Esslöffel geschnittene Petersilie
2 Teelöffel Pesto
1 Knoblauchzehe

Zubereitung

Erhitzen Sie die Brat-/Backbutter und braten Sie das Fleisch rundherum braun. Bestreuen Sie das Fleisch mit Pfeffer und Salz und braten Sie es bei mäßiger Hitze in 15 bis 20 Minuten gar. Kochen Sie inzwischen die Tagliatelle und den Broccoli. Holen Sie das Fleisch aus der Pfanne. Gießen Sie einen halben dl Wasser in einen Topf. Fügen Sie die fettarme Creme fraiche, die Petersilie und das Pesto hinzu und bringen Sie es rührend zum Kochen. Lassen Sie die Soße mit der Knoblauchzehe auf kleiner Flamme leicht einkochen. Schneiden Sie das Fleisch in Scheiben. Rühren Sie den Fleischsaft durch die Soße und würzen Sie diese mit Pfeffer und Salz. Servieren Sie das Fleisch mit der Soße, den Tagliatelle und dem Broccoli.

Enthält pro Portion:
ca. 485 Kcal.

Schweinefilet mit Petersiliensoße

für 2 Personen

Zutaten

400 Gramm Kabeljaufilet
750 Gramm geschälte Kartoffeln
1 Eisbergsalat
2 Esslöffel Olivenöl
1 dl fettarme Milch
150 ml Wasser
2 Esslöffel fein gehackte Petersilie
1,5 Esslöffel fein gehackter Dill
Pfeffer und Salz
2,5 Hühnerbouillon-Brühwürfel
1 dl fettarme Sahne / fettarme Creme fraiche (z.B. Creme légére von Dr. Oetker)
3 Esslöffel grober Senf
1 Esslöffel Bindemittel/Allesbinder
1 Eidotter

Zubereitung

Bestreuen Sie den Kabeljau mit Salz und Pfeffer und braten Sie die Filets anschließend in Olivenöl in der Bratpfanne bei hoher Hitze. Kochen Sie die Kartoffeln gar. Bewahren Sie 4 schöne Blätter vom Salat und schneiden Sie den Rest in dünne Streifen. Lösen Sie die Brühwürfel in 150 ml heißem Wasser auf und bringen Sie dies zusammen mit der fettarmen Sahne / fettarmen Creme fraiche und dem Senf zum Kochen. Lassen Sie es 4 Minuten ohne Deckel leicht köcheln. Gut rühren. Eventuell mit Bindemittel/Allesbinder binden und von der Flamme nehmen. Dann den Eidotter hindurch schlagen. Die Kartoffeln mit der Milch pürieren. Vermischen Sie Kabeljaustückchen, Salat, Petersilie, Dill, Pfeffer und Salz miteinander. Verteilen Sie dies auf die Salatblätter, die Sie zur Seite gelegt haben, und geben Sie die Soße außen herum.

Enthält pro Portion:
ca. 342 Kcal.

Kabeljau mit Eisbergsalat

für 4 Personen

Zutaten

200 Gramm verschiedene Fischsorten
(z.B. Lachs, Kabeljau, Scholle, Tilapiafilet)
2 Stück Lauch
1 Zwiebel
1 Knoblauchzehe
frischer Dill nach Belieben
100 ml fettarmer Kochrahm
1 Glas/Dose Fischfond
2 Esslöffel Olivenöl
2 Teelöffel Currypulver
100 Gramm ungeschälter Reis/Naturreis

Zubereitung

Geben Sie das Olivenöl in einen Topf. Dünsten Sie die Zwiebel und den Lauch an. Geben Sie das Currypulver und den Knoblauch hinzu. Gut verrühren. Danach den Fischfond, den Kochrahm und die verschiedenen Fischsorten hinzufügen und alles verrühren. Geben Sie einen Deckel auf den Topf und lassen Sie das Gericht ca. 15 Minuten leicht schmoren. Vor dem Servieren Dill darüber streuen.
Reichen Sie 125 Gramm ungeschälten Reis/Naturreis dazu.

Enthält pro Portion:
ca. 434 Kcal.

Fischpfanne

für 4 Personen

Zutaten

500 Gramm Kartoffeln
2 Knoblauchzehen
1 Teelöffel Thymian
1 Teelöffel Rosmarin
3 Esslöffel Olivenöl
Pfeffer und Salz

Zubereitung

Heizen Sie den Ofen auf 200 Grad vor. Säubern Sie die Kartoffeln gründlich und schneiden Sie diese in Spalten. Geben Sie sie in eine Ofenform. Pressen Sie den Knoblauch darüber aus und vermischen Sie die Kartoffeln mit den Kräutern, dem Öl, Pfeffer und Salz nach Belieben. Backen Sie die Kartoffelspalten im vorgeheizten Ofen in ca. 40 Minuten braun und gar.

Enthält pro Portion:
ca. 130 Kcal.

BEILAGE

Kartoffelspalten mit Kräutern

für 4 Personen

Erfahrungen aus der Praxis

Corella

Corella schaffte unglaubliche 64 Kilo

„Wenn man mal mehr als 100 Kilo wiegt, hat es den Anschein, als ob es einem nichts mehr ausmacht." Man konnte es ihr nicht nur selbst zuschreiben, dass Corella mehr und mehr zunahm. Nach der Geburt ihres ersten Kindes lief nicht alles wirklich reibungslos und sie bekam Medikamente, die eine Gewichtszunahme von ca. 30 bis 40 Kilo verursachten. Als Teenager war sie wohl ein molliges Mädchen, aber so viel Übergewicht lag nicht nur an ihren Essgewohnheiten. Nach der Geburt ihrer Zwillinge vor vier Jahren nahm sie noch mehr zu. Natürlich hat sie versucht, etwas dagegen zu unternehmen, aber ihr Übergewicht war so extrem, dass sie sich nicht dauerhaft motivieren konnte. Alles änderte sich, als ihre Mutter mit ‚Bereik je ideale gewicht' (deutsch: ‚Erreichen Sie Ihr Traumgewicht') vor der Tür stand. „Das war genau in der Zeit, in der mir bewusst wurde, dass ich durch mein Übergewicht sehr ungesund lebte. Und das konnte ich meinen Kindern nicht antun. Durch das Buch veränderte sich plötzlich alles. Die Kilos purzelten nur so. Und der große Vorteil war, dass die ganze Familie mitmachte. Auf diese Art nahm mein Mann also auch ein paar Kilo ab."

Nachdem Corella die ersten 25 Kilo los hatte, begann sie, Sport zu treiben. Wöchentlich ein paar Mal joggen beschleunigte den Abnehmprozess. Jetzt hat Corella phantastische 64 Kilo erreicht. Ganz selten nimmt sie ein wenig zu, aber dadurch, dass sie die Wochenmenüs aus ‚Erreichen Sie Ihr Traumgewicht' konsequent einhält, bleibt Corella ein gesünderer und glücklicherer Mensch, wie sie betont. „Ich halte die Wochenmenüs nun jede zweite Woche ein und auf diese Weise halte ich mein Gewicht. Diesen Sommer werde ich wirklich stolz in meinem Bikini herumlaufen. Und wissen Sie, was ich selbst am erstaunlichsten finde? Ich habe kein Verlangen mehr nach Eis oder Chips. Die Portionen von Sonja sind ausreichend für mich. Und durch meinen Erfolg habe ich viele andere zum ‚sonjabakkeren' motiviert."

Desserts

a
B
b

Zutaten

12 Löffelbiskuits
400 Gramm Magerquark
2 Dosen Mandarinen im Saft
6 Blätter Gelatine
5 Gramm Canderel (Süßstoff)

Zubereitung

Weichen Sie die Gelatineblätter in kaltem Wasser ein. Öffnen Sie die Dosen mit den Mandarinen. Gießen Sie die Mandarinen in ein Sieb und fangen Sie den Saft in einem Stieltopf auf. Kochen Sie den Saft und lösen Sie die aufgeweichte Gelatine hierin auf. Geben Sie den Quark in eine Schüssel und schmecken Sie ihn mit 5 Gramm Canderel ab. Fügen Sie nun den warmen Mandarinensaft mit Gelatine zum Quark und mischen Sie ihn gründlich. Suchen Sie einige schöne Mandarinenstückchen aus und heben Sie sie bis zum Schluss auf. Den Rest rühren Sie durch den Quark. Nehmen Sie 4 Schälchen und legen Sie die Löffelbiskuits auf die Böden, verteilen Sie den Quark darüber und lassen Sie das Dessert mindestens 3 Stunden im Kühlschrank steif werden. Garnieren Sie die Desserts mit den bewahrten Mandarinenstückchen und evtl. etwas Minze.

Enthält pro Portion:
ca. 230 Kcal.

T I P P

Weintipp: Hierzu passt ein leichter lieblicher Wein wie z.B. der Moscato d'Asti oder der Bergerac moelleux.

Quarkdessert mit Mandarinen

für 4 Personen

Zutaten

4 grüne Äpfel
1 Zitrone
2 Esslöffel Süßstoff
4 Teelöffel Erdbeersoße
4 Tupfen Diätsprühsahne (z.B. von Mibell)
2 Teelöffel Zimtpulver

Zubereitung

Waschen Sie die Äpfel und schneiden Sie diese in kleine Würfel. Das Kerngehäuse und die Kerne entfernen. Mischen Sie die Äpfel mit dem Saft der Zitrone, dem Zimtpulver und dem Süßstoff und stellen Sie dies 3 Stunden in die Tiefkühltruhe. Mixen Sie danach des gefrorene Gemisch mit dem Mixer oder Stabmixer, nicht bis es Mus wird, sondern lediglich zu sehr kleinen Stückchen. Lassen Sie die Apfelstückchen wieder in der Tiefkühltruhe hart werden. Servieren Sie das Sorbet in kleinen gläsernen Schälchen und geben Sie einen kleinen Tupfen Diätsahne und ein Löffelchen Erdbeersoße dazu.

Enthält pro Portion:
ca. 103 Kcal

Apfelsorbet

für 4 Personen

Zutaten

10 Blätter weiße Gelatine
1/2 Netz- oder Honigmelone (350 Gramm)
200 Gramm Erdbeeren
2,5 dl fettarmer Joghurt
1/2 Zitrone
25 Gramm Johannisbeeren
evtl. 1 Zweig Minze

Extra:
Puddingform
Backspray

Zubereitung

Weichen Sie die Gelatine in ausreichend kaltem Wasser 5 Minuten ein. Inzwischen die Melone in Spalten schneiden. Kerne entfernen. Die Erdbeeren waschen und die Stielansätze entfernen. Geben Sie die Melone und die Hälfte der Erdbeeren in eine Küchenmaschine und pürieren Sie sie. Geben Sie den Joghurt hinzu. Die Zitrone auspressen. 1 Esslöffel Zitronensaft mit 1/2 dl Wasser in einem Stieltopf zum Kochen bringen. Die Gelatine gut ausdrücken. Nehmen Sie den Stieltopf von der Flamme und lösen Sie die Gelatine rührend im Zitronenwasser auf. Das Melonen-Joghurtgemisch hindurch rühren. Die Puddingform einsprühen. Schenken Sie das Puddinggemisch in die Puddingform, sobald es dicker wird. Mindestens 4 Stunden im Kühlschrank steif werden lassen.Inzwischen die Johannisbeeren waschen und abtropfen lassen. Stürzen Sie den Pudding auf eine Platte/ einen Teller und garnieren Sie ihn mit den Erdbeeren, den Johannisbeeren und evtl. Minze.

Enthält pro Portion:
ca. 161 Kcal.

Obst-Joghurt-pudding

für 6 Personen

Zutaten

8 (Butter-)Kekse
4 Esslöffel Honig
4 Aprikosen (frisch oder aus der Dose)
8 Erdbeeren
400 ml Magerquark
400 ml fettarmer Erdbeerquark
4 Esslöffel Diätmarmelade

Zubereitung

Zerbrechen Sie die Kekse in kleine Stückchen. Schneiden Sie die Erdbeeren und Aprikosen in dünne Scheiben. Nehmen Sie 4 schöne hohe Gläser und geben Sie unten in jedes Glas einen Esslöffel Diätmarmelade. Bauen Sie die Gläser festlich mit Schichten von Quark, Obst und Keksstückchen auf. Zuletzt eine Schicht Keksstückchen und den Honig darüber.

Enthält pro Portion:
ca. 167 Kcal.

Quark mit Honig und Obst

für 4 Personen

Zutaten

3 Esslöffel Vanillepuddingpulver
2,4 dl fettarme Milch
3 Esslöffel Süßstoff (z.B. Canderel)
2 Teelöffel Vanilleessenz
260 Gramm Magerquark
2 Eiweiße
4 dl starker Kaffee, abgekühlt
2 Esslöffel Amaretto
200 Gramm Löffelbiskuit
2 Esslöffel Kakao

Extra:
Plastikfolie

Zubereitung

Geben Sie das Vanillepuddingpulver und 2 Esslöffel Milch in einen kleinen Topf und lassen Sie es rührend auf kleiner Flamme auflösen. Geben Sie den Rest der Milch, den Süßstoff und die Vanilleessenz hinzu und rühren Sie bei mittlerer Flamme, bis das Gemisch kocht und dicker wird. Nehmen Sie den Topf von der Flamme und schöpfen Sie den Inhalt in eine Schüssel. Mixen Sie den Vanillepudding und den Quark 2 Minuten. Schlagen Sie in einer anderen Schale die Eiweiße leicht steif und heben Sie sie unter das Vanillegemisch. Gießen Sie den Kaffee in eine Schüssel und rühren Sie den Amaretto hindurch. Ziehen Sie die Hälfte der Löffelbiskuits durch das Kaffee-Amaretto-Gemisch und legen Sie diese auf den Boden einer Schale. Bestreichen Sie die Löffelbiskuits gleichmäßig mit der Hälfte des Cremegemisches. Streuen Sie die Hälfte des Kakaos über die Creme und wiederholen Sie dies in Schichten mit dem Rest der Löffelbiskuits und der Creme. Stellen Sie das Tiramisu mindestens 6 Stunden in den Kühlschrank. Bestreuen Sie das Tiramisu dann mit dem restlichen Kakao und servieren Sie es.

Enthält pro Portion:
ca. 187 Kcal.

„Tiramisu auf eine andere Art“

für 6 Personen

Zutaten

1 Orange
2 Scheiben Ananas (am liebsten frisch)
1 Banane
16 Weintrauben
8 Erdbeeren
2 Esslöffel geraspelter Kokos
1 dl fettarme Schlagsahne
1 Esslöffel Honig
1 Esslöffel Kokosmilch

Extra:
8 Schaschlikspieße

Zubereitung

Pressen Sie die Orange aus. Schneiden Sie jede Ananasscheibe in 8 Stückchen. Schälen Sie die Banane und schneiden Sie diese in dicke Scheiben. Waschen Sie die Weintrauben und die Erdbeeren. Spießen Sie das Obst auf die Schaschlikspieße und legen Sie sie auf einen Teller. Schenken Sie den Orangensaft darüber und lassen Sie sie mindestens eine halbe Stunde im Kühlschrank marinieren. Drehen Sie die Spieße in dieser Zeit einmal um. Rösten Sie den geraspelten Kokos in einer trockenen Bratpfanne hellbraun. Schlagen Sie die Sahne steif, fügen Sie die Kokosmilch und den Honig hinzu und mischen Sie es kurz durch. Verteilen Sie die Spießchen auf die Teller und geben Sie die Soße darüber. Garnieren Sie das Ganze mit dem gerösteten Kokos.

Enthält pro Portion:
ca. 120 Kcal.

Obstspieße mit Kokossoße

für 4 Personen

Zutaten

120 Gramm Mehl
4 Eier
100 Gramm Back-/Bratbutter
Schlagsahne
Puderzucker
1 Prise Salz

Extra:
Backspray oder Backpapier

Zubereitung

Heizen Sie den Ofen auf 225 Gramm vor und sprühen Sie das Backblech ein oder verwenden Sie Backpapier. Bringen Sie in einem Topf 200 ml Wasser zum Kochen und geben Sie die Back-Bratbutter hinzu. Geben Sie auch das Salz und das Mehl hinzu und rühren Sie, bis ein Teigball entsteht. Nehmen Sie den Topf vom Herd mischen Sie die Eier Stück für Stück durch den Teig. Teilen Sie den Teig in 16 Teighäufchen auf und geben Sie diese auf das Backblech. Ein praktisches Hilfsmittel ist ein Spritzbeutel, es geht aber auch mit 2 Löffeln. Backen Sie die Mini-Windbeutel ca. 15 bis 20 Minuten in der Mitte des Ofens, bis diese hellbraun sind. Lassen Sie die Windbeutel gut im Ofen abkühlen (ansonsten fallen sie in sich zusammen).

Schneiden Sie die abgekühlten Mini-Windbeutel in der Mitte auf. Füllen Sie sie mit einem Spritzbeutel mit der Sahne. Streuen Sie ein wenig Puderzucker darüber.

Enthält pro Mini-Windbeutel:
ca. 135 Kcal.

Mini-Windbeutel mit Sahne

für 8 Personen

Erfahrungen aus der Praxis

Ardi

Sogar nach gut 50 Kilo macht Ardi noch weiter

Manchmal braucht jemand einen kleinen Anstoß aus dem Familienkreis, um das Übergewicht anzupacken. In Ardis Fall kam dieser Anstoß von ihrer Schwester. Auch sie kämpfte mit ihrem Übergewicht und als die beiden erst einmal gemeinsam beschlossen hatten, drastisch abzunehmen, unterstützten und motivierten sie sich immer wieder, um auch die schwierigen Momente durchzustehen. „Wir haben im Sommer letzten Jahres angefangen und meine Schwester hat mittlerweile 22 Kilo abgenommen und hat ihr Traumgewicht erreicht. Aber ich mache weiter, denn die 50 Kilo, die ich abgenommen habe, sind für mich noch nicht das endgültige Ziel. Ich will noch mindestens 14 Kilo schaffen."
Der Start, den Ardi mit einer fettfreien Krankenhausdiät machte, war in Ordnung, aber nach drei Wochen und sechs Kilo stellte sie sich die Frage: ‚Was jetzt?'. Es wurde ‚Bereik je ideale gewicht' (deutsch: ‚Erreichen Sie Ihr Traumgewicht') und als sie diese Methode von vorne bis hinten durchgearbeitet hatte, fing Ardi einfach nochmal von vorne an.
Ihr Ehemann ist stolz wie Oskar auf ihre Leistung. „Er macht bei den Wochenmenüs mit und wenn er abends zum Beispiel Lust auf ein paar Nüsse hat, fragt er, ob ich auch wirklich kein Problem damit habe. Außerdem sorge ich dafür, dass ich mich auch viel bewege. Dreimal pro Woche gehe ich spazieren, ich spiele Badminton und mache jeden Abend einige Übungen."
Ardi ist für ihre Kollegen und Bekannten zum Vorbild geworden. „Das ist natürlich großartig, aber mein schönstes Kompliment erhielt ich, als ich vor Kurzem das Ergebnis einer medizinischen Untersuchung bekam und der Arzt sagte: *Ich gratuliere Ihnen zu diesem Ergebnis*. Das war Musik in meinen Ohren..."

Tapas, Brotgerichte und Häppchen

Zutaten

1 Zucchini
2 reife Avocados
6 Tomaten
4 große oder 8 kleine Artischockenböden aus der Dose
1 schöner Salatkopf (Lolo rosso oder Eichblatt)
2 Esslöffel Olivenöl
Saft einer halben Zitrone
1/2 Teelöffel Senf
2 Esslöffel Ketchup
1 Esslöffel halbfette Mayonnaise
Salz und Pfeffer

Extra:
4 Ringförmchen (im Fachhandel erhältlich)

Zubereitung

Häuten Sie die Tomaten, entfernen Sie die Stielansätze und schneiden Sie die Tomaten in Würfel. Schneiden Sie die Zucchini in Scheiben und würzen Sie sie mit Salz und Pfeffer. Braten Sie die Scheiben mit 2 Esslöffeln Olivenöl in der Bratpfanne. Lassen Sie die Artischocken gut abtropfen. Schälen Sie die Avocado, entfernen Sie den Kern und vermischen Sie sie mit der halbfetten Mayonnaise, dem Senf, Ketchup, Zitronensaft, Pfeffer und Salz in der Küchenmaschine. Schneiden Sie die Artischocken in dünne Scheiben. Stellen Sie die Ringformen beispielsweise auf ein Schneidebrett und legen Sie die Zucchinischeiben wie Dachziegel übereinander geschichtet unten hinein. Geben Sie dann eine Schicht Avocadocreme darauf. Anschließend die Hälfte der Tomaten, dann wieder Avocadocreme, die Artischockenscheiben über die Avocadocreme verteilen, wieder Avocadocreme und zum Schluss wieder Tomaten oben drauf. Geben Sie die Törtchen auf den Salat, nehmen Sie ein Messer zu Hilfe. Entfernen Sie dann vorsichtig den Ring.

Enthält pro Portion:
ca. 187 Kcal.

Zucchinitörtchen

für 4 Personen

Zutaten

2 Strünke Chicorée
2 Avocados
1/2 ausgepresste Zitrone
2 Tomaten
1/2 Knoblauchzehe
1 Esslöffel Chilisoße
1/2 Esslöffel Senf
1 Esslöffel fettarme Mayonnaise
1 Esslöffel Honig
eine Prise Pfeffer und Salz

Zubereitung

Schneiden Sie den Chicorée ungefähr einen halben Zentimeter über dem Strunk ab und suchen Sie 12 schöne Blätter aus (diese werden die Schiffchen, die gefüllt werden). Löffeln Sie das Fruchtfleisch der Avocados in eine Schüssel, fügen Sie Pfeffer, Salz, Zitronensaft, Honig, Senf, Knoblauch, Chilisoße und die fettarme Mayonnaise hinzu und zermanschen Sie dies grob. Häuten Sie zuletzt die Tomaten (Tomaten in heißes Wasser legen und dann die Haut entfernen), schneiden Sie sie danach in 4 Stücke und schneiden Sie die Stielansätze heraus. Schneiden Sie das Fruchtfleisch in Würfel und rühren Sie es in die Avocadosalsa. Die Chicoréeblätter mit der Salsa füllen, blumenförmig anrichten und auf einem Teller servieren.

Enthält pro Portion:
ca. 177 Kcal

Chicoréeschiffchen mit Avocadosalsa

für 4 Personen

Zutaten

2 Zucchinis, dünn und fest
60 Gramm Semmelbrösel
30 Gramm geraspelter fettarmer Käse (max. 30 % Fett i.Tr.)
30 Gramm geraspelter Parmesan
2 Knoblauchzehen
Salz und Pfeffer
30 ml fettarme Milch

Extra:
Cocktailspießchen

Zubereitung

Heizen Sie den Ofen auf 225 Grad vor. Schneiden Sie die Zucchini in Scheiben (ca. 0,5 cm). Verrühren Sie die Semmelbrösel, den geraspelten Käse, die ausgepresste Knoblauchzehen, Salz und Pfeffer mit einem Schneebesen. Dippen Sie die Zucchinischeiben in die Milch und dann in die Semmelbrösel. Legen Sie die Zucchinischeiben auf ein Backgitter. Backen Sie die Scheiben eine halbe Stunde bei 225 Grad, bis sie braun und schön krokant sind.

Enthält pro Portion:
ca. 128 Kcal.

T I P P

Sofort servieren, dann sind die Chips schön knusprig!

Zucchinichips

für 4 Personen

Zutaten

12 entkernte Datteln
100 Gramm weicher Ziegenkäse
4 Scheiben roher Schinken (idealerweise Serranoschinken)

Zubereitung

Schneiden Sie die Datteln auf und füllen Sie sie mit dem Ziegenkäse. Schneiden Sie jede Schinkenscheibe der Länge nach in 3 gleiche Streifen. Wickeln Sie jede Dattel in einen Schinkenstreifen. Legen Sie die Dattel mit dem Ende des Schinkenstreifens nach unten auf ein Backblech und stechen Sie ein Spießchen hinein. Schieben Sie das Backblech ungefähr 5 Minuten bei 200 Grad in den Ofen.

Enthält pro Portion:
ca. 83 Kcal.

TIPP

Auch für einen Umtrunk sehr gut geeignet!

Gefüllte Datteln

für 4 Personen

Zutaten

1 Dose Tomatenwürfel (400 Gramm)
2 Esslöffel Tomatenpüree
1/2 Gurke
1/2 Zwiebel
1/2 Paprika
1 Knoblauchzehe
2 Scheiben Weißbrot ohne Kruste
2,5 dl kalte Bouillon
5 Esslöffel Himbeeressig
1 Teelöffel Salz
1 Esslöffel fein geschnittener Schnittlauch

Extra:
Küchenmaschine oder Blender

Zubereitung

Schälen Sie die Gurke und schneiden Sie diese der Länge nach durch. Beide Hälften nochmals der Länge nach durchschneiden und die Kerne entfernen. Einen Gurkenstreifen in kleine Würfel schneiden. Geben Sie den Rest in die Küchenmaschine/Blender. Schneiden Sie nun die Hälfte der Paprika in die selben kleinen Würfel (auch den Strunk entfernen) und geben Sie alles, was übrig bleibt, in den Blender. Geben Sie jetzt die Tomatenwürfel, die Zwiebel, die Knoblauchzehe mit dem Tomatenpüree, dem Brot und der Bouillon in den Blender und pürieren Sie alles gut fein. Zuletzt den Essig zufügen, Löffel für Löffel, und probieren Sie, ob Sie es schon erfrischend genug finden. Verfahren Sie auch mit dem Salz so. Anschließend sieben und in den Kühlschrank stellen. Wenn das Gazpacho gut abgekühlt ist, servieren Sie es in einem Glas. Verteilen Sie die Gurken- und Paprikawürfel darüber und schließen Sie mit dem Schnittlauch ab.

Enthält pro Portion:
ca. 90 Kcal.

Gazpacho

für 4 Personen

Zutaten

8 Scheiben Mehrkorntoast
4 Esslöffel fettarme Mayonnaise
50 Gramm Senf
125 Gramm geschnittenes geräuchertes Hähnchenfilet
1 Avocado
1 Schälchen Ruccola oder Gartenkresse

Zubereitung

Bestreichen Sie die Toastscheiben mit der fettarmen Mayonnaise und einer Messerspitze Senf. Schälen Sie die Avocado, entfernen Sie den Kern und schneiden Sie die Avocado in Scheiben. Belegen Sie 4 Scheiben Toast mit dem geräucherten Hähnchenfilet und Avocadoscheiben und verteilen Sie ein wenig Ruccola oder Gartenkresse darauf. Legen Sie die anderen Toastscheiben darauf.

Enthält pro Portion:
ca. 353 Kcal.

TIPP

Mit einem Salat dazu haben Sie eine vollwertige Abendmahlzeit.

Sandwich mit Hähnchenfilet

für 4 Personen

Zutaten

8 Scheiben Vollkorn-Toast
1 Esslöffel Olivenöl
4 große Scheiben roher Schinken
250 Gramm Champignons
1 rote (oder gelbe) Paprika
1 Knoblauchzehe
Pfeffer und Salz
evtl. Salat oder Ruccola

Extra:
Toaster

Zubereitung

Schneiden Sie die Paprika in kleine Würfel. Den Knoblauch auspressen oder fein hacken und zusammen mit der Paprika in etwas Olivenöl in einer Bratpfanne braten. Die Champignons säubern und in einer extra Pfanne schnell braten. Mischen Sie die Paprika mit den Champignons. Den Toast toasten, jeden Toast mit einer Scheibe rohem Schinken belegen. Geben Sie das Champignon-Paprikagemisch darauf. Evtl. mit etwas Salat oder Ruccola garnieren und mit Pfeffer und Salz würzen.

Enthält pro Portion:
ca. 245 Kcal.

T I P P

Probieren Sie dieses Gericht auch einmal mit Serranoschinken.

Fantasiebrötchen

für 4 Personen

High Tea und Kuchen

Zutaten

4 Scheiben Blätterteig
1 Zwieback
1 Esslöffel Süßstoff
3 reife Birnen
Zitronensaft
2 dl fettarme Creme fraiche (z.B. Creme légére von Dr. Oetker)
1 Päckchen Vanillezucker
2 Eiweiße
40 Gramm gehobelte Mandeln

Extra:
runde Kuchenform
Backspray

Zubereitung

Lassen Sie die Blätterteigscheiben auftauen und ziehen Sie diese ein wenig auseinander. Sprühen Sie eine niedrige runde Kuchenform ein und bedecken Sie die Form mit dem Teig. Stechen Sie an einigen Stellen in den Boden und streuen Sie den Süßstoff und einen zerkrümelten Zwieback darauf. Schälen Sie die Birnen und schneiden Sie sie in dünne Spalten. Legen Sie diese in die Form und bestreichen Sie sie mit Zitronensaft. Verquirlen Sie die fettarme Creme fraiche mit dem Vanillezucker und schlagen Sie dann die Eiweiße steif. Heben Sie die Eiweiße unter die fettarme Creme fraiche und schöpfen Sie das Gemisch auf die Birnen. Bestreuen Sie die Oberseite mit den gehobelten Mandeln und schieben Sie die Form bei 200 Grad in einen vorgeheizten Ofen. Lassen Sie den Kuchen in 30 bis 35 Minuten goldbraun backen.

Enthält pro Portion:
ca. 155 Kcal.

TIPP

10 Gramm Süßstoff entspricht 100 Gramm Zucker

Birnenkuchen

für 10 Personen

Zutaten

450 Gramm Mehl
75 Gramm Brat-/Backbutter
2 Eier
50 Gramm Farinzucker
16 Gramm Vanillezucker (2 Päckchen)
125 ml fettarme Milch
1 Päckchen Backpulver
Prise Salz

Zum High Tea
6 Esslöffel Diätmarmelade Erdbeer
Diätsprühsahne (z.B. von Mibell)

Zubereitung

Heizen Sie den Ofen auf 220 Grad vor. Vermischen Sie alle Zutaten zu einem glatten Teig. Formen Sie mit Ihren Händen kleine Bällchen. Legen Sie diese auf ein Backblech mit Backpapier und backen Sie die Scones ca. 25 Minuten. Lassen Sie sie noch im Ofen abkühlen, da sie ansonsten in sich zusammenfallen.
Schneiden Sie die Scones auf und servieren Sie sie mit einem halben Esslöffel Diätmarmelade Erdbeer dazwischen und einem kleinen Tupfen Diätsprühsahne.

Enthält pro Portion:
ca. 160 Kcal.

Scones

(englische Kuchenteigbrötchen)

für 6 Personen, 12 Stück

Zutaten

3 Eier
50 Gramm Zucker
125 Gramm Back-/Bratbutter
260 Gramm Mehl
2 Teelöffel Salz
2 Teelöffel Backpulver
4 Esslöffel Zitronensaft
7 Esslöffel Orangensaft
1 Teelöffel Zimtpulver
1 Esslöffel Spekulatiusgewürz
2 Jonagold Äpfel in kleinen Würfeln

Extra:
Muffinförmchen oder Silikonförmchen

Zubereitung

Vermischen Sie das Mehl mit dem Backpulver. Geben Sie die Back-/Bratbutter mit dem Zucker und dem Salz in eine Schüssel und mixen Sie dies mit dem Mixer. Geben Sie Stück für Stück die Eier hinzu und jeweils 2 Esslöffel Mehl mit Backpulver pro Ei dazu. Geben Sie den Rest des Mehles mit Backpulver hinzu, wenn alles gut vermischt ist. Zuletzt den Zitronen- und Orangensaft. Jetzt den Zimt und das Spekulatiusgewürz zugeben und noch einmal gut mit dem Mixer vermischen. Die Äpfel schälen, in kleine Würfel schneiden und vorsichtig unter den Teig heben. Verteilen Sie den Teig nun auf 12 Muffinförmchen und backen Sie die Muffins 25 Minuten bei 170 Grad. Lassen Sie die Muffins noch im Ofen abkühlen, da sie ansonsten in sich zusammenfallen.

Enthält pro Portion:
ca. 192 Kcal.

Muffins mit Apfel

für 12 Personen, 12 Stück

Zutaten

100 Gramm Zucker oder 10 Gramm Canderel (Süßstoff)
100 Gramm flüssige Brat-/Backbutter
1 Backmischung für Obstkuchen von Dr. Oetker
5 Eier
6 Esslöffel Diätmarmelade
1 kleines Schälchen Heidelbeeren
1 kleines Schälchen Brombeeren
1 kleines Schälchen Johannisbeeren

Extra:
ein wening Mehl und Butter zum Einfetten oder Backspray
Springform

Zubereitung

Spülen Sie die Früchte ab. Die flüssige Brat-/Backbutter mit dem Zucker schaumig schlagen, dann Stück für Stück die Eier hinein schlagen, zuletzt mit der Backmischung mixen, erst kurz auf der niedrigsten, dann auf der höchsten Stufe. Den Ofen auf 170 Grad vorheizen. Geben Sie den Teig in eine eingefettete und mit Mehl bestäubte Springform. Stellen Sie diese in die Mitte des Ofens und backen Sie die Torte in ca. 30 Minuten gar. Wichtig ist, dass eine braune Schicht auf der Torte zu sehen ist, ansonsten noch ca. 10 Minuten backen. Wenn die Torte abgekühlt ist, bestreichen Sie sie mit einer Schicht Diätmarmelade und legen dann die Früchte auf die Torte.

Enthält pro Portion:
ca. 219 Kcal.

T I P P

Herrlich erfrischend mit ein paar Blättern Minze.

Waldfruchttorte

für 12 Personen

Zutaten

100 Gramm Zucker
4 Eier
100 Gramm Mehl
3 große Teelöffel Backpulver (8 Gramm)
25 Gramm Vanillepuddingpulver
1 dl fettarme Milch
2 Esslöffel Puderzucker
250 Gramm süßes Obst wie Kirschen, Himbeeren, Erdbeeren und Brombeeren
1 Prise Salz

Extra:
Kuchenform
Mixer

Zubereitung

Heizen Sie den Ofen auf 175 Grad vor. Mixen Sie die Eier, den Zucker und das Salz zu einer schaumigen Masse. Schlagen Sie dann das Mehl, das Backpulver und das Vanillepuddingpulver hindurch und machen Sie es zuletzt mit Milch zu einem glatten Teig. Nehmen Sie eine Kuchenform, fetten Sie diese ein und gießen Sie den Teig hinein. Legen Sie dann das Obst darauf und backen Sie die Torte in 40 bis 45 Minuten im Ofen gar. Bestreuen Sie die Torte mit Puderzucker, nachdem sie leicht im Ofen abgekühlt ist.

Enthält pro Portion:
ca. 100 Kcal.

T I P P

Servieren Sie die Torte noch leicht warm mit einer Kugel Rahmeis light mit etwas Zimt bestreut.

Holländische Obsttorte

für 10 Personen

Zutaten

200 Gramm getrocknete Feigen
2,5 dl Wasser
1 Teelöffel Backpulver
50 Gramm Back-/Bratbutter
1 Teelöffel Salz
1 Ei
20 Gramm Zucker
250 Gramm fein geraspelte Karotten
100 Gramm Mehl
1 Päckchen Backpulver
1 Teelöffel Zimt

Eventuell:
fettarme Schlagsahne

Extra:
kleine Kuchenform (Kastenform)
oder 10 Muffin-Förmchen
Küchenmaschine

Zubereitung

Heizen Sie den Ofen auf 170 Grad vor. Die Feigen mit 2,5 dl Wasser fein mahlen. Die Feigen in der Küchenmaschine ganz fein machen und mit dem Wasser zu einem dicken Brei verarbeiten und einen Teelöffel Backpulver hinzufügen. Vermischen Sie in einer Teigschüssel die Butter, den Zucker, das Salz, das Zimtpulver und ein Ei mit dem Mixer. Fügen Sie das Mehl mit dem Backpulver zu und zuletzt die geraspelte Karotte. Wenn alles vermischt ist, geben Sie das Feigenpüree hinzu. Geben Sie alles in eine Kuchenform oder in die Muffin-Förmchen und backen Sie den Kuchen in ca. 30 Minuten bei 170 Grad im Ofen. (in Muffin-Förmchen ungefähr 20 Minuten). Lassen Sie den Karottenkuchen noch im Ofen abkühlen, da er ansonsten in sich zusammenfällt.

Enthält pro Portion:
ca. 118 Kcal.

T I P P

Serviertipp: Legen Sie eine Scheibe des Kuchens auf einen Teller und geben Sie evtl. einen Tupfen fettarme Schlagsahne dazu.

Karottenkuchen mit Feigen

für 12 Personen

Schlusswort

Wie Sie vielleicht wissen, habe ich jahrelang gegen mein Übergewicht gekämpft. Ich habe diesen Kampf sogar zu meinem Beruf gemacht. Darum ist es eine unglaublich schöne Erfahrung für mich zu wissen, dass so viele Menschen mit meiner Methode abgenommen haben.
Das macht mich glücklich. All die tausende Briefe, E-Mails und Anrufe haben mich stark gemacht. Denn genauso wie Sie strebe ich täglich nach meinen Zielen und lasse mich nicht dazu verleiten, von meinen gesunden Essgewohnheiten abzuweichen. Versuchungen liegen überall auf der Lauer.

Diese Rezeptsammlung kann Sie wieder zum Durchhalten inspirieren oder Sie wieder zum Anfangen anregen – genießen Sie die Abwechslung!
Jeder Körper ist anders. Der eine braucht eben etwas mehr als der andere. Passen Sie mit meiner Methode Ihre Essgewohnheiten an Ihre Bedürfnisse an.

Gesundes Leben ist ein Geschenk, das Sie sich selbst machen können. Und vor allem etwas, worauf Sie stolz sein können. Halten Sie durch, genau wie ich. Denn es gibt nur eine Person, die Entscheidungen für Sie treffen kann: Das sind Sie selbst!

Sonja Bakker

Impressum

Diätberaterin Sonja Bakker
www.sonjabakker.de

Text: Sonja Bakker
Redaktion: Sonja Bakker, Jolanda Groot, Anja Schuitemaker-Loh
Schlussredaktion: Anja Schuitemaker-Loh
Übersetzung: Anja Schuitemaker-Loh
Layout: Studio Brouwer, Hoorn, Niederlande
Fotos: Lieke Heijn & Pim Janswaard (Cameron Studio), Nick van Ormondt
Foodstyling: Jacqueline Pietrowski & Sander de Ponti
Kleidung Sonja Bakker: Miss Etam
Druck: A&I grafische producties bvba
Verlag: De Zonnestraal

Sonjas Kochbuch
ISBN: 978-90-78211-16-7

1. Auflage, 2008